Eliphas Levi

Die Salomonischen Schlüssel

Eine Erweiterung des Wissens über die 72 Merkur-Vorsteher, sowie über die 10 Zahlen und 22 Buchstaben

und

Kernings Testament

Kama (Meyrink)

Mein Dank geht an Peter Windsheimer für das Design des Titelbildes und an Ariane und Michael Sauter.

Für Schäden, die durch falsches Herangehen an die Übungen an Körper, Seele und Geist entstehen könnten, übernehmen Verlag und Autor keine Haftung.

Copyright © 2013 by Christof Uiberreiter Verlag
Castrop Rauxel • Germany

Herstellung und Verlag:
BoD – Books on Demand, Norderstedt
ISBN 978-3-7357-5777-7

Alle Rechte, auch die fotomechanische Wiedergabe (einschließlich Fotokopie) oder der Speicherung auf elektronischen Systemen, vorbehalten
All rights reserved

Inhaltsangabe:

Einleitung.. 4

1. Vorwort.. 5
2. Der universelle Schlüssel................................... 7
3. Das Schema Hamphorasch................................. 8
4. Die sechsunddreißig Talismane......................... 9
5. Die heiligen Buchstaben...................................28
6. Die heiligen Zahlen... 31
7. Die größeren Schlüssel......................................34
8. Über Geister und Beschwörungen...................46
9. Anordnung und Gebrauch der Schlüssel......... 50

Einleitung:

Diese kleine aber deshalb nicht unbedeutende Schrift birgt mehr als man auf den ersten Blick wahrzunehmen vermag. Sie ist hermetischen Ursprunges und bringt viele Analogien und Erweiterungen in Bezug auf die 4 Elemente, 72 Merkur-Vorsteher, auf die 10 Zahlen und 22 Buchstaben, welche dem Tarot vorstehen. „Der Salomonische Schlüssel" bietet weiters quabbalistische Siegel und Entsprechungen, sodass der Schüler der Hermetik eine Menge in Erfahrung bringen kann.

Wir möchten nur noch darauf aufmerksam machen, dass der Quabbalist Eliphas Levi einige Namen der Tradition nach verschlüsselt hat. Wir haben uns erlaubt, sie dem System von Franz Bardon anzupassen.

1. Vorwort:

In dem vorliegenden Band legen wir den Lesern der Werke des Eliphas Levi eine seiner interessantesten und in ihrer Bedeutung kaum abzuschätzenden Schöpfungen vor. All das, was er in seinem Lebenswerk in breiten Strichen auf vielen Seiten, an unzähligen Beispielen und Beweisen zusammengetragen, kommentiert, erläutert, ja in Vielem in überwältigender Klarheit zum ersten Mal dargestellt hat, all das ist hier in wenigen Bildern, in der exakten Darstellung der Buchstaben des hebräischen Alphabets und der Zahlen zusammengefasst. Aus diesen Bestandteilen ist das ganze Werk geformt.

Niemand, der die bisher aus dem Gesamtwerk des Meisters erschienenen Bände gelesen hat, wird über die Bedeutung dieser Publikation im Zweifel sein, bietet sie doch die bildhafte Unterlage und Illustration von all jenen geheimnisvollen Stellen seiner Werke, die dem ganzen Verständnis immer wieder entgegentraten. Freudig wird man zu diesem Werk greifen, um mit seiner Hilfe noch einmal den schwierigen Gang durch die magischen Werke des Meisters anzutreten. Hier und da wird man die Schuppen von den Augen streifen, die auch noch die Klarheit dieser Werke hinterließ.

Dem Wunsch nach restlosem Verstehen der Werke des Meisters verdankt diese Schrift auch sicher ihr Entstehen. Baron Spedalieri, einer der bevorzugtesten Schüler des Meisters, hatte ihn gebeten, ihm doch die Möglichkeit der praktischen Arbeit zu geben, und ihm schreibt Eliphas Levi dieses Werk, das er während seiner Studien selbst zusammengestellt hatte, ab. Später wurde es an J. Charrot und dann an L. Chamuel weitergegeben, und erst dieser gab es in Druck. Mit dieser einzigartigen Zusammenstellung des quabbalistischen Dogmas bot Levi seinem Schüler also die Möglichkeit zum rituellen Gebrauch überzugehen. Deshalb erinnert er auch noch einmal an alles, was er schon in seiner „Geschichte der Magie", in seinem „Dogma und Ritual der hohen Magie", in dem „Schlüssel zu den großen Mysterien" und dem wundervollen „Buch der Weisen" und „Buch der Lichter" als vornehmlichste Grundsätze für den Ritus des magischen Wirkens angegeben hatte. Deshalb auch die Prophezeiungen am Schluss des Bandes und die genauen Anweisungen zum Gebrauch dieser Talismane.

Dass doch recht viele Leser seiner Werke und vornehmlich dieses Bandes der Verheißungen teilhaft werden möchten, die der Meister als Ergebnis und Lohn für das gründliche Studium seiner Werke immer wieder verspricht.

Erlaubt sei uns noch zu bemerken, dass die drucktechnische Anordnung der vorliegenden Ausgabe aus Gründen der Pietät in engster Anlehnung an die als Manuskript gedruckte französische Ausgabe vorgenommen wurde.

München-Planegg, am Feste Aller Heiligen 1927.

Der Herausgeber.

2. Der universelle Schlüssel

Das Schema Hamphorasch

Das ganze Wissen liegt in einem Wort, die ganze Kraft in einem Namen.
Das Erkennen dieses Namens ist das Wissen Salomons, das Licht Abrahams. Niemand erkennt Gott in seinem Wesen, wenn nicht in sich selbst.
Das absolute Wissen aber beruht auf der Kenntnis der göttlichen Namen, die alle, aus einem einzigen Namen gebildet werden.
Dieses Wissen wird das „Schema Hamphorasch" oder der erklärte Name genannt.

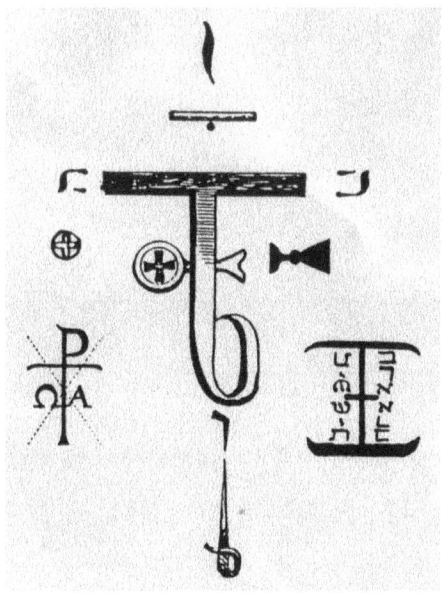

**Das Heilige Tau oder
der universelle Schlüssel**

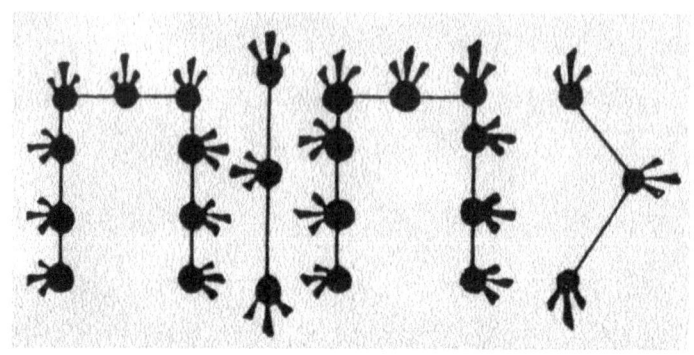

3. Das Schema Hamphorasch

Das Schema oder der unaussprechliche Name wird von vier Buchstaben gebildet.
Die ganze Macht liegt in einem einzigen – Jod.
Ihr Widerschein in einem andern – He.
Sie wird erklärt durch den dritten – Vau.
Und wird befruchtet vom vierten – He.
Man bildet ihn mit vierundzwanzig Punkten, den vierundzwanzig Greisen des hl. Johannes.
Jeder Punkt hat drei Strahlen.
Es gibt also zweiundsiebzig Strahlen. Damit bildet man zweiundsiebzig Namen, die zwei zu zwei über sechsunddreißig Talismane geschrieben werden.

4. Die sechsunddreißig Talismane

Lerne die Hieroglyphen und heiligen Buchstaben der sechsunddreißig Talismane recht sorgfältig und schreibe um jeden von ihnen einen Vers der hl. Schrift, der Dir am besten die Kraft der Buchstaben und Zahlen auszudrücken scheint.
Diese Talismane festigen den Geist, stärken das Denken und dienen dem Willen gleichsam als Sakramente.
Die Geister aller Hierarchien sind mit dem, der diese Zeichen würdig trägt und sie gut versteht.

Vehuiah

Sitael

Elemiah

Lelahel

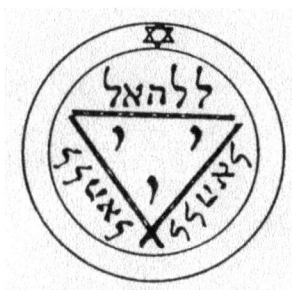

Das erste Prinzip

Göttliche Hoffnung

Jeliel	Achaiah
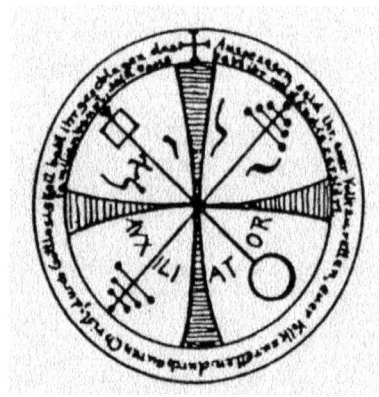	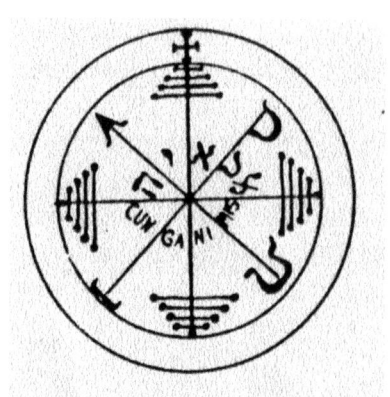
Mahasiah	Aladiah
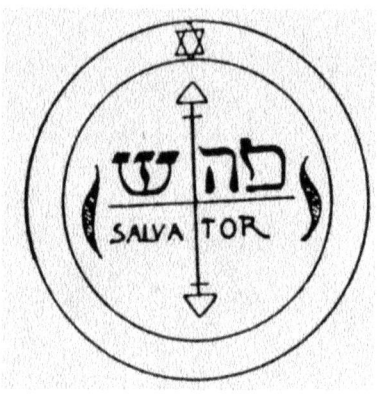	
Hilfe des Erlösers	Vierfacher Vater

Kahetel

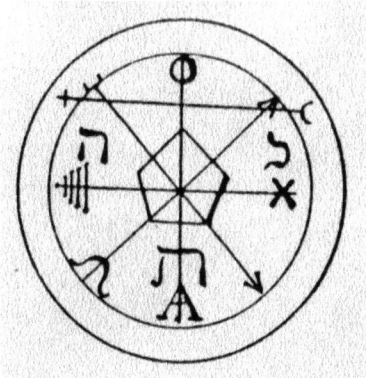

Aziel

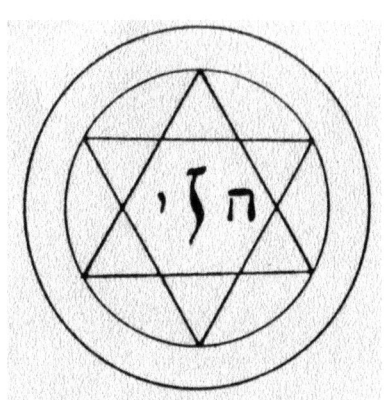

Lauviah

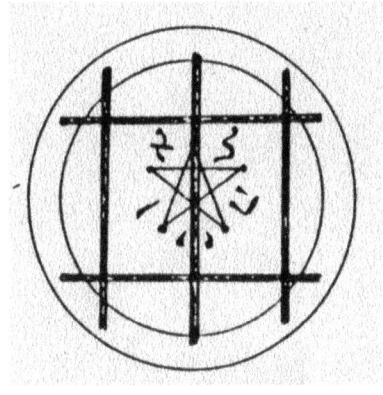

Hahaiah

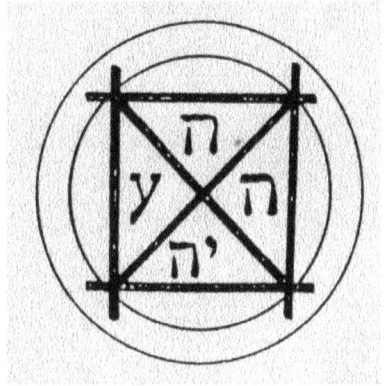

Vernunft des Kultes   **Göttlicher Trost**

Jezalel	Mebahel
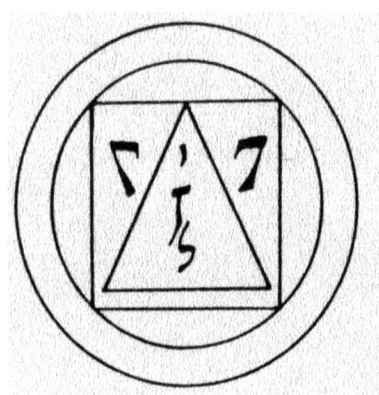	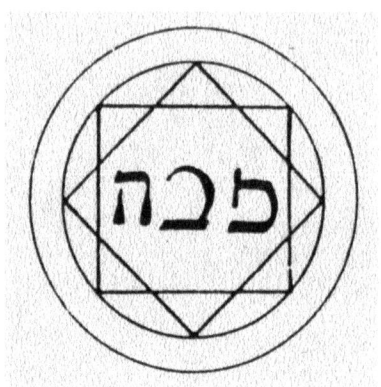

Hakamiah	Lanoiah
	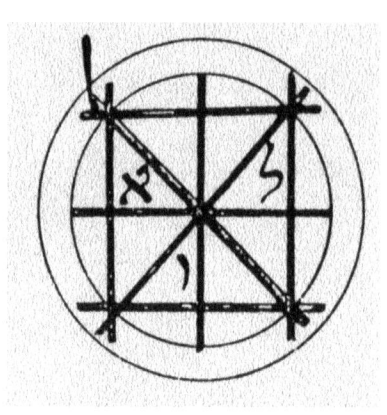
Grundlage aller Größe	Vorsehung

Hariel

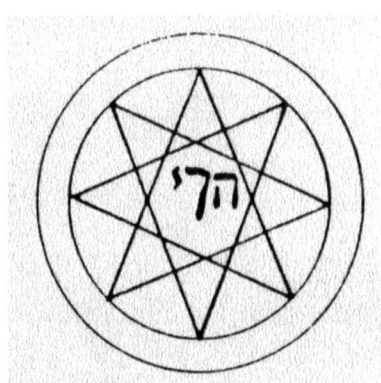

Leuviah

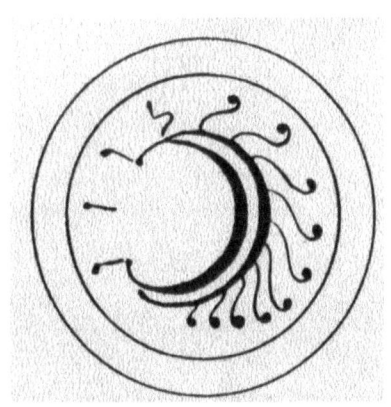

Kaliel

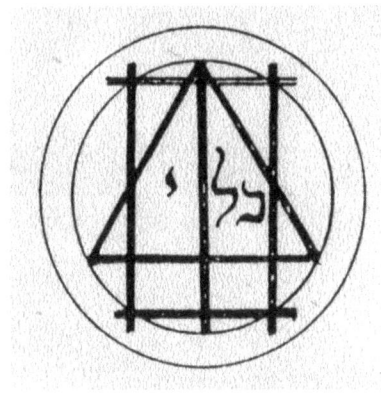

Tröster

Jeiaiel

Die Liebe

Pahaliah

Nelekael

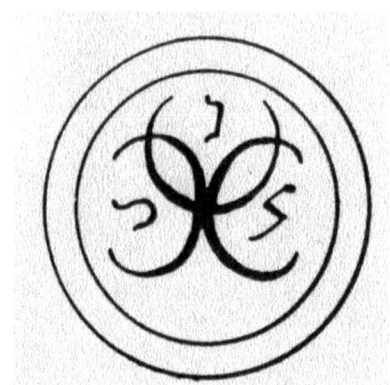

Melahel

Hahuiah

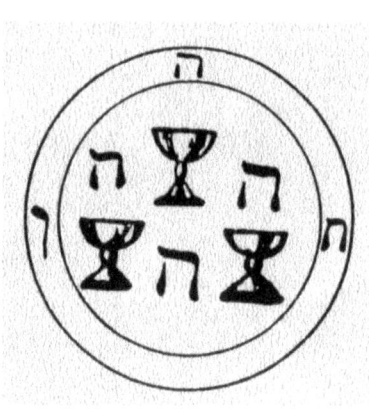

Seligkeit

Die Güte

Nith-Haiah

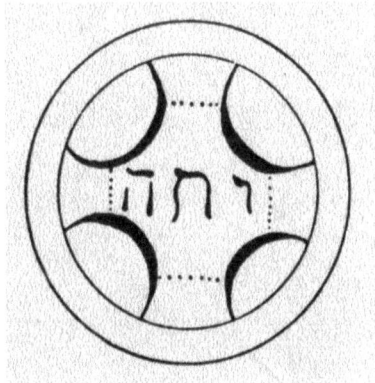

Haaiah

Seeiah

Die Macht des Guten

Reiiel

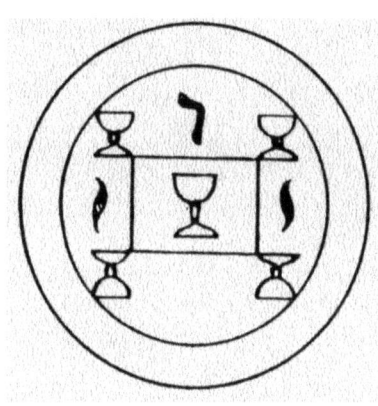

Das Geheimnis der Liebe

Jerathel

Lekabel

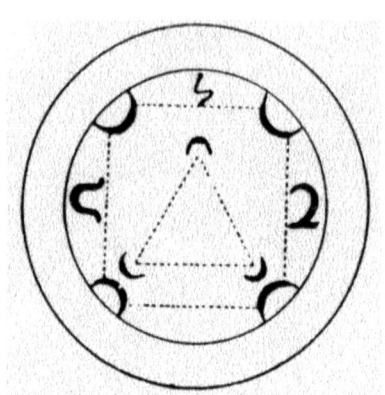

Omael

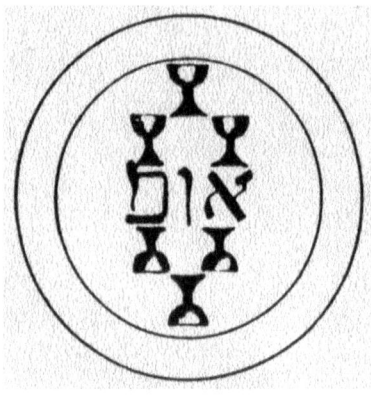

Lehahiah

Geduld

Das Wissen der Liebe

Vasariah

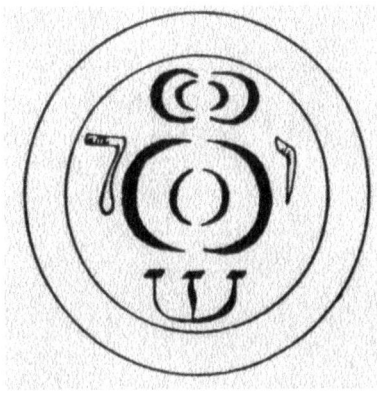

Jehuiah

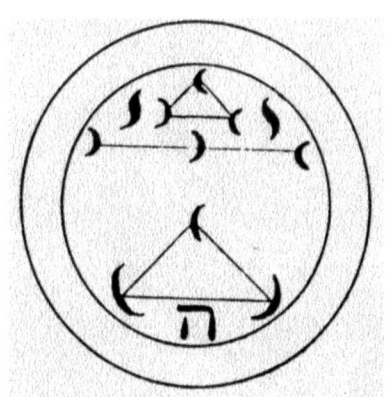

Kevakiah

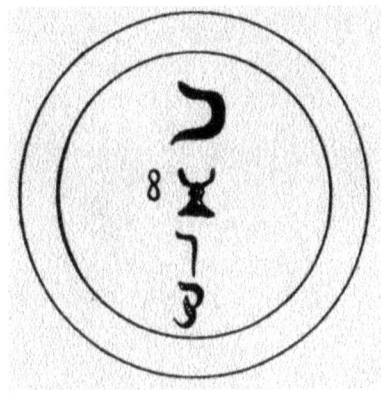

Liebe des Gerechten

Menadel

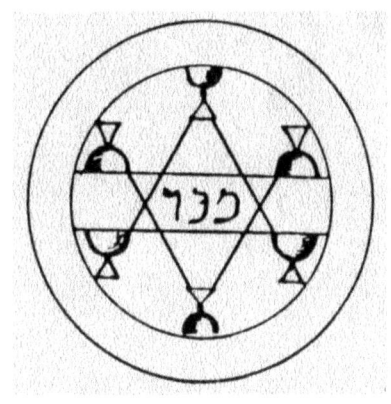

Hierarchie der Liebe

Aniel	Haamiah
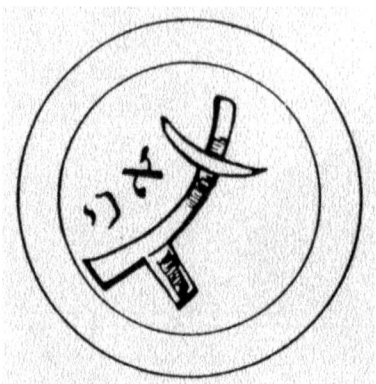	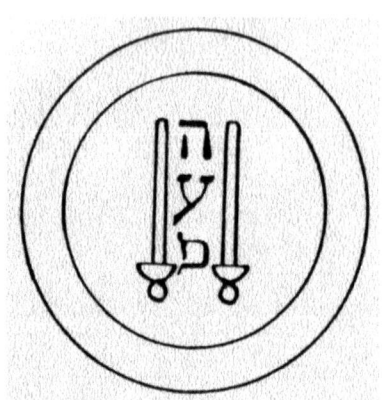
Ieiazel	Hahahel
	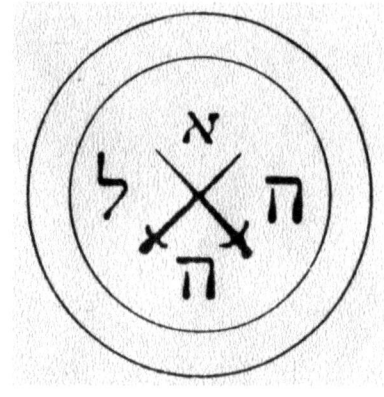
Schöpferkraft	Politisches Gleichgewicht

Rehael

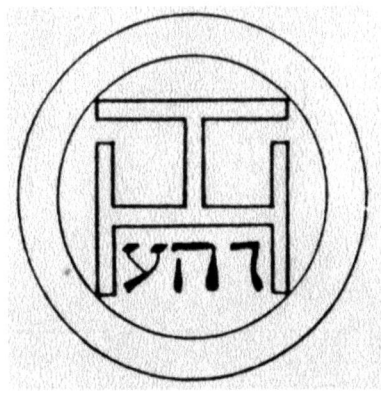

Veubiah

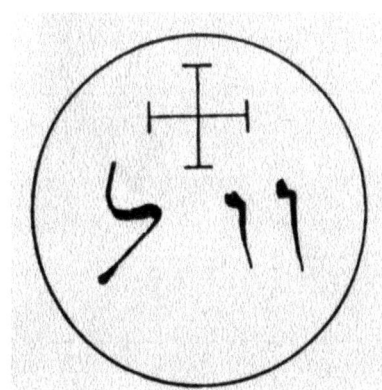

Mikael

Universeller Friede

Ariel

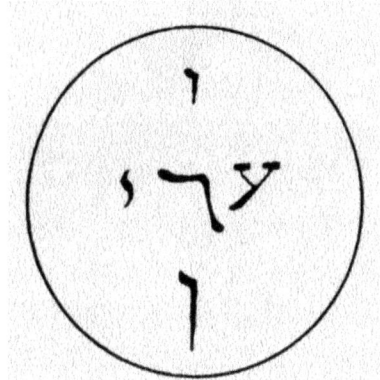

Reich des Wortes

Ielahiah

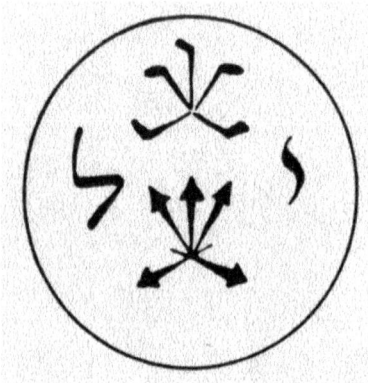

Sealiah

Asaliah

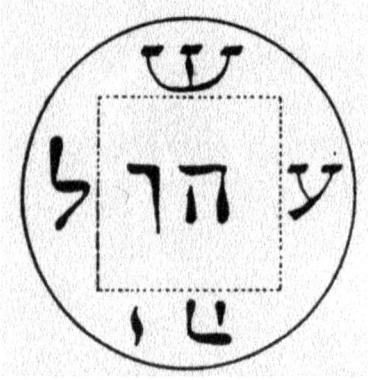

Mihael

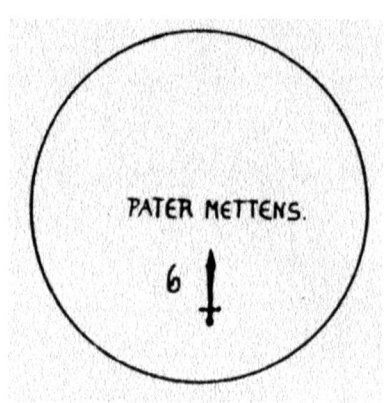

Das neue Jerusalem **Harmonie**

Vehuel

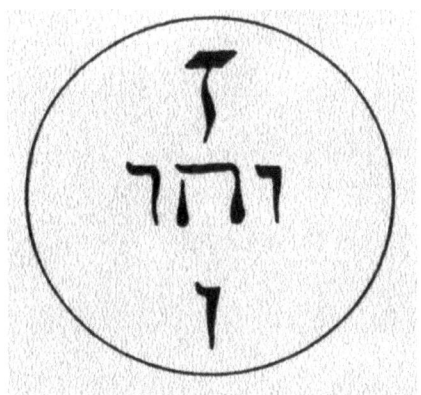

Imamiah

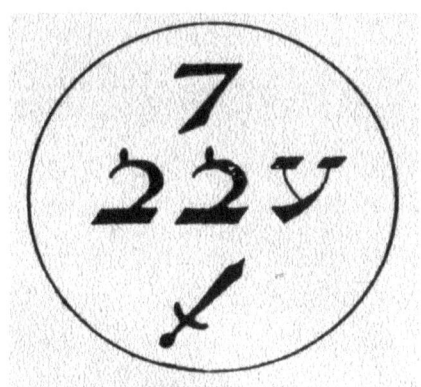

Sieg

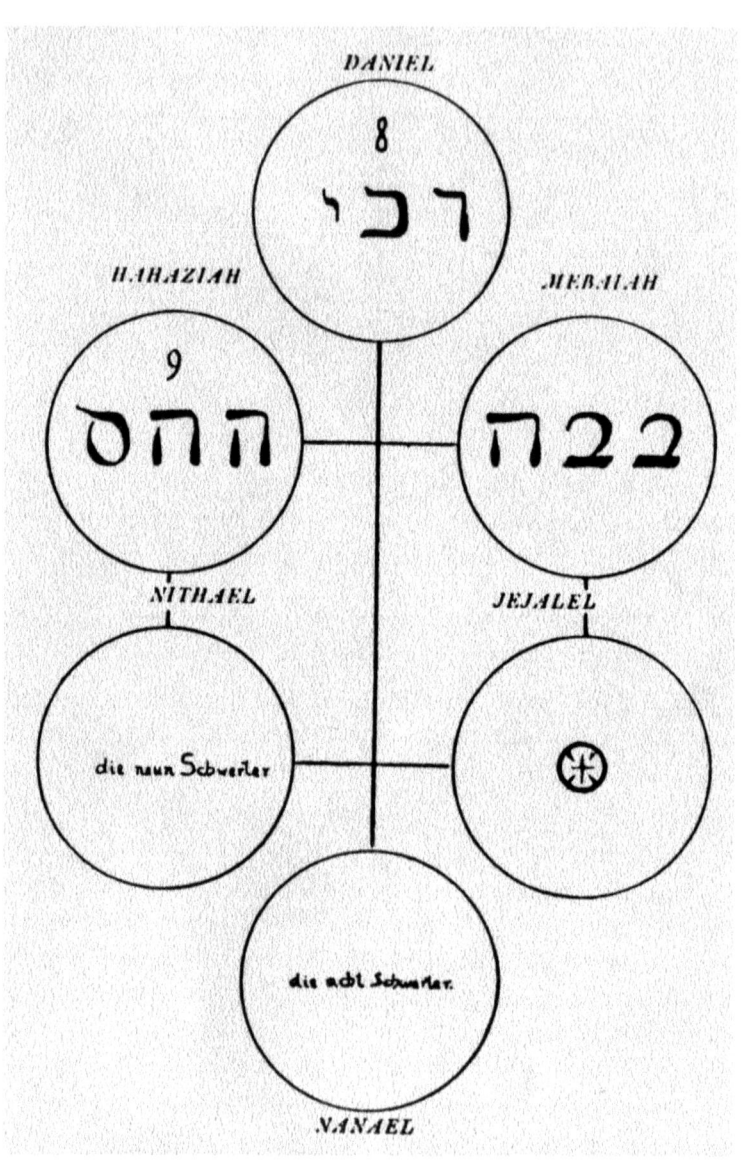

**Hahaziah = Hahasiah
Jejalel = Jeialel**

Mebaiah

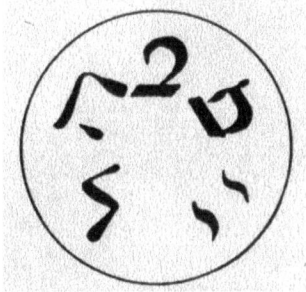

Jeialel

Da die kreisförmigen angeordneten Talismane die Verwirklichung ausdrücken, werden sie nach Erkenntnis und dem Willen des Magiers verfertigt; deshalb geben wir sie nur an, ohne sie darzustellen.

Poiel

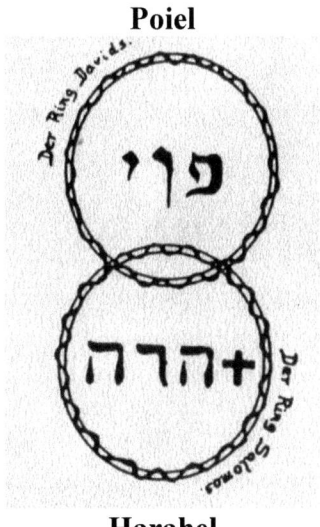

Harahel

Die zwei Ringe oder die Verbindung

Nemamiah

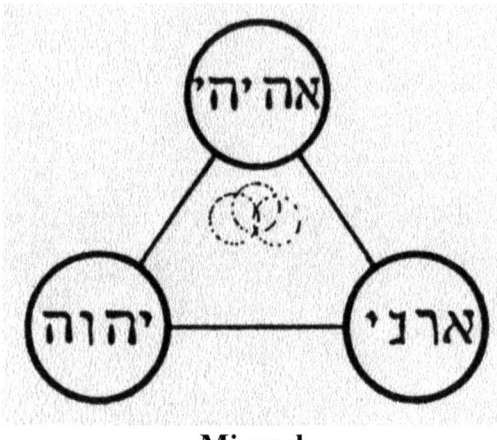

Mizrael

Die drei leuchtenden Ringe

Umabel

Vier konzentrische oder ineinandergezogene Kreise mit einem Kreuz in der Mitte nach dem Willen des Handelnden.

Jabamiah

Der Name Jabamiah drückt die absolute Verwirklichung aus. Deshalb sagt man, dass er alle Wunder vollbringt.

Eiaiel

Sieben Kreise, einer in der Mitte und sechs um ihn, bilden die mystische Rose der Rosenkreuzer.

Anianuel

Sechs Kreise bilden eine Blume

Mumiah

Dieser äußerst geheimnisvolle Talisman gibt Kraft gegen die Schrecken des Todes.

Mehiel

Auf diesen Talisman zeichnet man die geheimen Zeichen der Maurerei der Rosenkreuzer.

Rochel

Neun konzentrische Kreise oder als sephirotischer Baum.

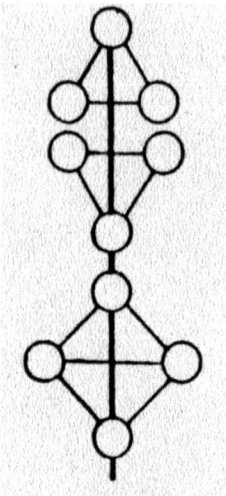

Manakel

Wer diesen Talisman besitzt, muss ihn sorgfältig hüten und darf ihn niemals Profanen preisgeben.

Jah-Hel

Fünf Kreise um ein rotes Pentagramm.

Habuiah

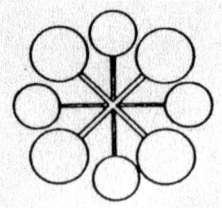

Acht Kreise im Gleichgewicht.

Damabiah

Wer diesen Talisman anzufertigen weiß, hat das Rätsel der Sphinx gelöst und kennt das Geheimnis des Ödipus.

Haiel

Der Name Haiel muss allein in der Mitte eines Talismans aus reinem Gold mit dem besonderen Zeichen des Willens des Handelnden geschrieben werden.

5. Die heiligen Buchstaben

die den einfachen Figuren des Tarot entsprechen.

Der König des Szepters   Der König der Schale
Der Vater   Der Gemahl der Mutter

Malachim

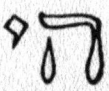

Der König des Schwertes   Der König des Kreises
Der Fürst der Liebe   Der zeugende Vater

Die Königin des Szepters　　　　　　　Die Königin der Schale
Die Gemahlin des Vaters　　　　　　　Herrin über sich selbst

Die Königin des Schwertes　　　　　　Königin des Kreises
Fürstin der Liebe　　　　　　　　　　Herrin der Kinder

Ritter des Szepters　　　　　　　　　Ritter der Schale
Eroberer der Macht　　　　　　　　　Eroberer des Glücks

Ritter des Schwertes　　　　　　　　　Ritter des Kreises
Eroberer der Liebe　　　　　　　　　Eroberer der Werke

Bube des Szepters
Sklave des Menschen

Bube der Schale
Sklave der Frau

Bube des Schwertes
Sklave der Liebe

Bube des Kreises
oder der Kinder

6. Die heiligen Zahlen

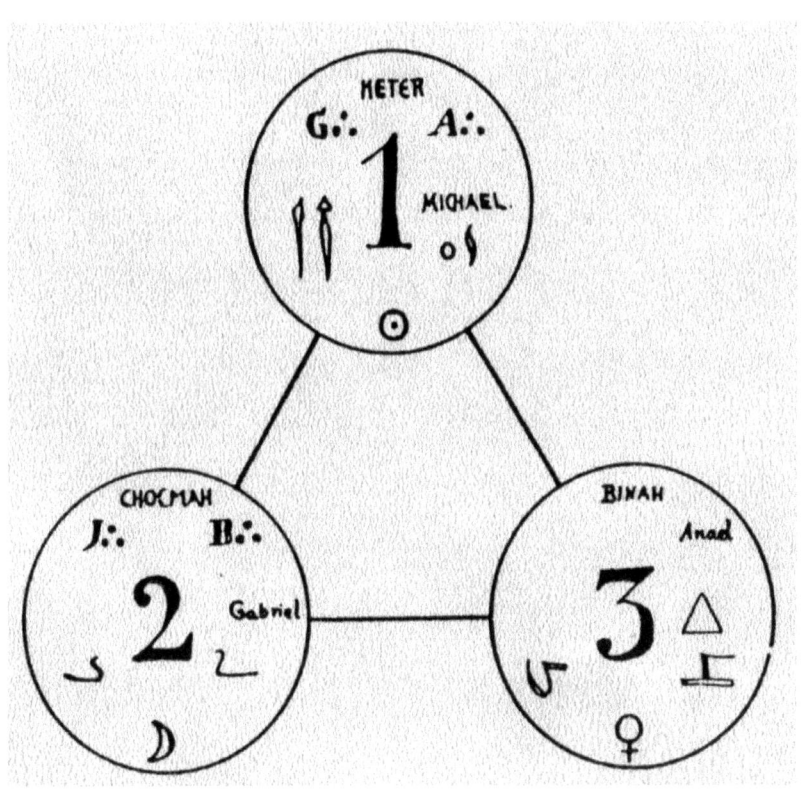

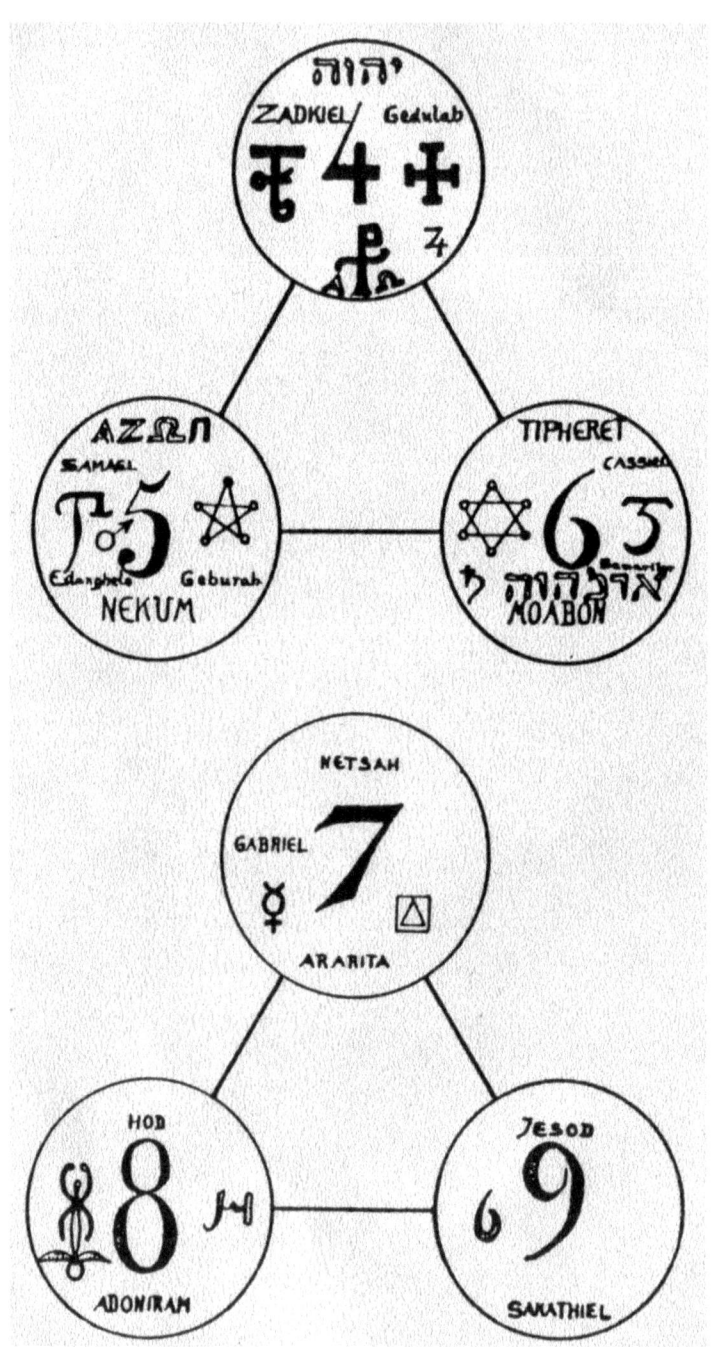

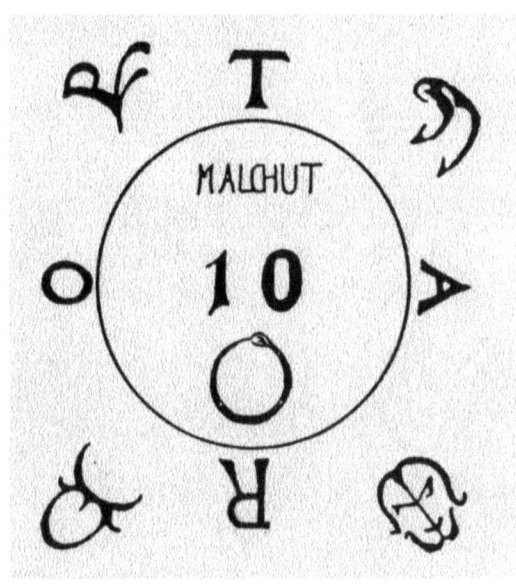

7. Die heiligen Buchstaben oder die größeren Schlüssel

Die zehn Zahlen und die zweiundzwanzig Buchstaben bilden die zweiunddreißig Wege des Wissens.

DER BUCHSTABE ALEPH
HIEROGLYPHE – DER BETTLER

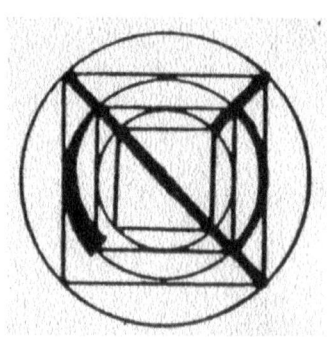

DAS PANTAKEL VON EDEN
Urbild der heiligen Buchstaben

DEB BUCHSTABE BETH
DIE GROSSE PRIESTERIN

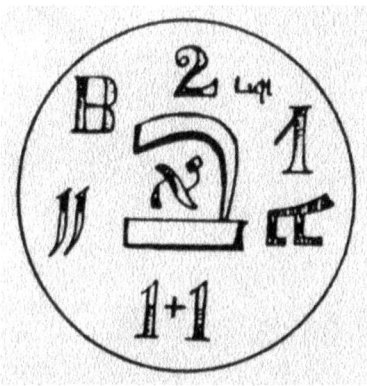

Die Zweiheit ist die erste Zahl, die mit sich
selbst Vervielfachte Einheit.

DER BUCHSTABE GHIMEL
DIE DREIHEIT
DIE FRUCHTHARE MUTTER
DIE ZEUGUNG!

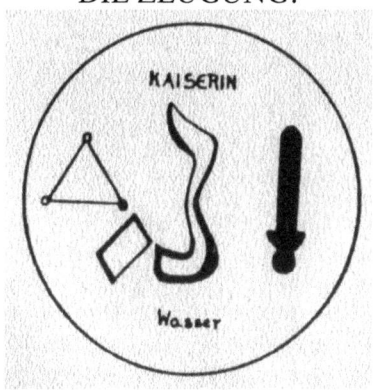

Die erste große heilige Zahl.
Das Dreieck Jehovah´s.
Der Merkur der Weisen.

DER BUCHSTABE DALETH
DIE VIERHEIT — DIE QUADRATUR

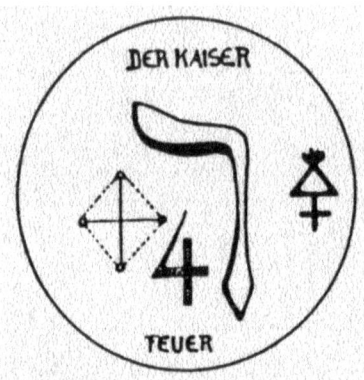

Die Zahl des vollkommenen Zyklus
Das philosophische Kreuz.
Das Elementarfeuer der Weisen.

DER BUCHSTABE HE
DER FÜNFTE DER BUCHSTABEN UND WEGE

Die Zahl des Wissens von Gut und Böse.
Der Buchstabe der Frau und der Religion.
Das englische oder teuflische Pentagramm.

DER BUCHSTABE VAU
DER LIEBESPFEIL – DER LINGHAM

Die Zahl des Antagonismus und der Freiheit.
Die Paarung.
Die Arbeit.
Die Woche der Schöpfung

DER BUCHSTABE DZAIN
DIE HEILIGE SIEBENHEIT

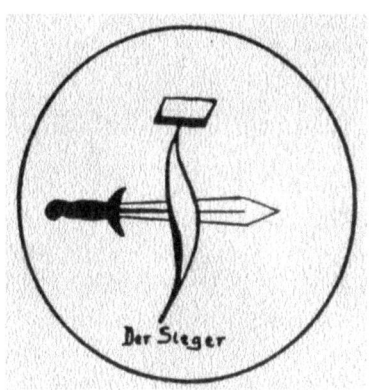

Vollkommene Zahl der Quabbala.
Der Geist und die Form.
Die drei Mächte der Dreiheit und ihre vier Verwirklichungen.

DER BUCHSTABE CHETH
DAS UNIVERSELLE GLEICHGEWICHT

Das Tetragramm mit seinem Widerschein.
Der doppelte Stauros.
Die mit der Zwei vervielfachte Vier.

DER BUCHSTABE THETH
DIE ZAHL DER HIERARCHIE

Neun.
Die Zahl des Eingereihten.
Die große, magische Zahl.

DER BUCHSTABE JOD
DIE ZAHL DER SCHÖPFUNG UND DES KÖNIGTUMS

Das Glücksrad

Malchut.
Das Königtum Gottes.
Das sichtbare Universum.
Die natürliche Grundursache, der übernatürlichen Dinge.

DER BUCHSTABE CAPH
DIE ZAHL DER KRAFT

Die Stärke

Die zusammengefasste Einheit.
Der gewordene Mensch.
Die Mannhaftigkeit.
Das Zeitalter der Vernunft

DER BUCHSTABE LAMED
DIE ZAHL DES VOLLKOMMENEN ZYKLUS

Die Vollendung.
Das Opfer.
Die Erfüllung.
Die Kreuzigung.
Der sich vom Stoff befreiende Geist.

DER BUCHSTABE MEIN
DIE ZAHL DREIZEHN – DER TOD

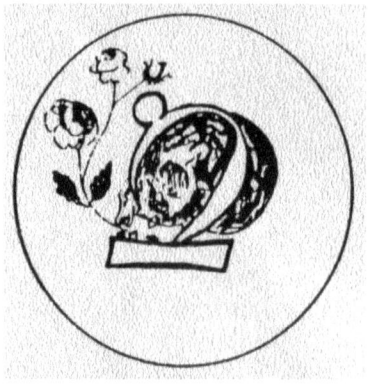

Die Wiedergeburt.
Die Unsterblichkeit durch Verwandlung.
Die Transmutation.

DER BUCHSTABE NUN
DIE AUSMESSUNGEN
DIE MISCHUNGEN

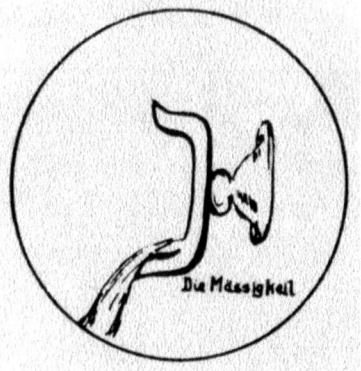

Die durch das Gleichgewicht gemäßigten Formen.
Die Harmonie der Mischungen.

DER BUCHSTABE SAMECH
DIE ZAHL FÜNFZEHN
DIE ASTRALSCHLANGE

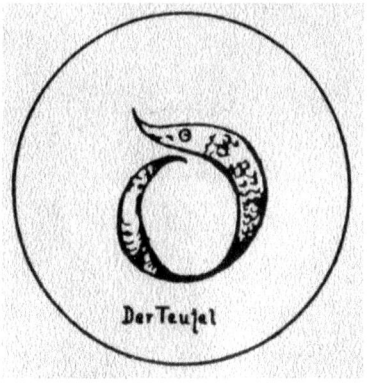

Das physische und schicksalhafte Leben.
Die ewige Bewegung.
Das große magische Agens.

DER BUCHSTABE GNAIN
DIE ZAHL SECHZEHN — DAS GROSSE GLEICHGEWICHT

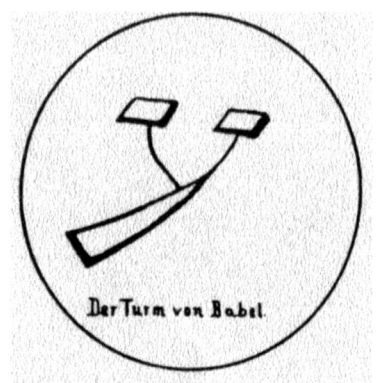

Zerstörung durch Gegenstreben.
Schwebe der großen Mächte.

DER BUCHSTABE PHE
DIE ZAHL SIEBZEHN

Die unsterbliche und in ihrer Mannigfaltigkeit
einige Natur.
Die ewige Fruchtbarkeit.

DER BUCHSTABE TSADE
DIE ZAHL ACHTZEHN

Die hierarchische Verteilung des Lichts.
Der Okkultismus.
Das Dogma.
Die Mysterien.
Die Esoterik.

DER BUCHSTABE COPH
DIE ZAHL NEUNZEHN

Das wahre Licht.
Die Wahrheit.
Die heilige Stadt.
Das philosophische Gold.

DER BUCHSTABE RESCH
DIE ZAHL ZWANZIG

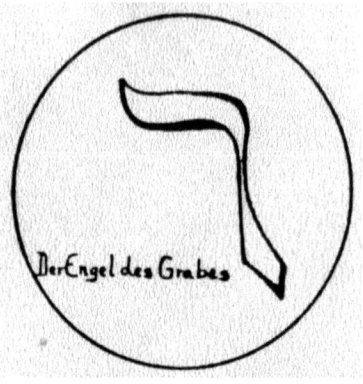

Das Erkennen von allem oder das große
Arkanum des ewigen Lebens.

DER BUCHSTABE THAU
DIE ZAHL EINUNDZWANZIG

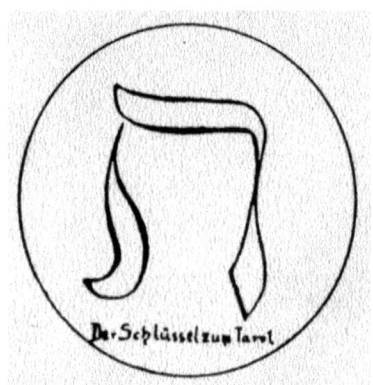

Drei mal sieben.
Das Absolute.
Die Zusammenfassung des ganzen
universellen Wissens.

DER BUCHSTABE SCHIN
STICHZAHL

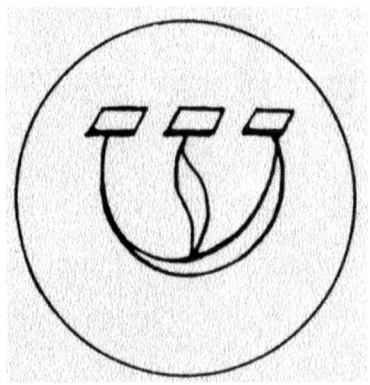

Das Schicksal.
Die Blindheit.
Der Narr.
Die in sich selbst öde Natur.

8. Über Geister und Beschwörungen

Die Geister sind sekundäre oder erschaffene Intelligenzen. Es gibt drei Arten: Die festen, flüchtigen und gemischten Geister. Die Festen sind von den die Materie beherrschenden Gesetzen befreite, reine Geister. Die Flüchtigen sind jene, die im astralen Licht schweben. Die Gemischten sind solche, die arbeiten und zu einer teilweisen Fixierung gelangt sind. Unter den Festen kann man die Reinsten, Reineren und Reinen unterscheiden.
Unter den Gemischten: Die Herrschenden, Streitenden und Beherrschten.
Unter den Flüchtigen: Die Führenden, Wankelmütigen und Mitgeschleppten.
Die Festen sind die Engel.
Die Gemischten sind die verständigen Menschen.
Die Flüchtigen sind die unverständigen Menschen.
Die Geister ziehen sich an und werden untereinander hierarchisch regiert. Sie verbinden sich in Ketten und Kreisen.
In einen Kreis eintreten, heißt beschwören, d. h. schwören mit den Geistern dieses Kreises.
Beschwört man höhere Geister, so zieht man sie nicht zu sich, sondern erhebt sich zu ihnen. Die Beschwörung durch Anrufung kann nur niedrigeren Geistern gegenüber angewendet werden. Um die höheren Geister zu beschwören, muss man sich ihnen anheimgeben. In der Beschwörung der tieferstehenden Geister durch Anrufung muss man sie zwingen, sich uns hinzugeben.
Höhere Geister ruft man an, indem man ihnen Opfer bringt, besser noch, man veranlasst sie, uns anzurufen.
Niedere Geister werden angerufen, indem man ihre Begierden oder Neigungen reizt.
Die Worte sind nur Formeln, die zur Festigung des Willens dienen.
Die unter dem Menschen stehenden Geister sind die Elementargeister und die flüchtigen der letzten Ordnung.

Es sind jene, die die alten Theurgen Dämonen nannten.
Die Dämonen sind sterblich und suchen auf unsere Kosten zu leben, sie suchen die Samen- und Blutergießungen, die Fleischdünste und leeren Hüllen und fürchten Spitze und Schneide des Schwertes.
Die Hierarchie der Geister ist unendlich, sie beginnt in Gott, in dem nichts seinen Anfang hat, das heißt soviel als, dass sie anfanglos ist.
Die Sterne haben Sternseelen, die Sonnen Sonnenseelen und die Welten werden von Egregoren gelenkt.
Die lebendigen Egregoren sind die Götter, die in Gott sind.
Das Leben der Geister ist ein Aufsteigen und ein fortwährender Wechsel; sie steigen auf der großen symbolischen Leiter Jakobs auf und nieder. Die Engel oder geistigen Lenker der Sterne erheben sich zur Herrschaft über die Sonnen und werden durch die Häupter der Seelen ersetzt. Die Häupter der Seelen sind die aufeinanderfolgenden Könige der Menschheit.
Die Häupter der Seelen auf Erden tragen den Namen Metatron Sarpanim (Die sich in den Sphären aufzehrenden Jezirah der Welten), hierbei heißt Metatron: Der Fürst, Sarpanim: Der Lichter, oder Fürst der Lichter.
Das Haupt der Seelen stirbt nicht, es erhebt sich lebend in den Himmel.
Henoch war in den der mosaischen Schöpfung folgenden Zeiten der erste in den Rang des Metatron Sarpanim Erhobene.
Nach Henoch hat Moses regiert, nach Moses Elias, nach Elias Jesus.
Alle Metatron müssen zwei Reiche haben und kehren zur Erde zurück, wenn sie alle Globen unseres Sonnensystems durchwandert haben. Deshalb wird das Wiedererscheinen von Henoch und Elias der zweiten Ankunft von Jesus vorausgehen.
Bei seinem ersten Erscheinen hat sich Jesus als Hoherpriester offenbart.
Bei seinem zweiten Erscheinen wird er sich als König und bei seinem dritten, schweigend erfolgenden Wiederkehr wird er sich als Gott selbst offenbaren.
Er ist der Christus gewesen.

Er muss der Messias sein und wird der Heilige der Heiligen sein, der Weg, die Wahrheit und das Leben, was die Juden noch mit Vernunft erwarten.
Henoch hat auf dem Sinai Moses das Gesetz gegeben.
Moses und Elias haben Jesum auf dem Tabor die großen Mysterien der christlichen Offenbarung gelehrt.
Jesus hat die Einweihung dem hl. Evangelisten Johannes übergeben, und deshalb muss dieser Apostel bis zur Wiederkunft seines Meisters bleiben.
In den Zeiten des Zerfalls manifestieren sich die niedrigeren Geister wie die Würmer auf den Leichen.
Man ruft sie durch die Zersetzung, und indem man sich von ihnen vernichten lässt.
Die Zerfallszeiten gehen immer der Ankunft eines in der Person des sonnenhaften Metatron auf der Erde wiedergeborenen Geistes voran und kündigen sie an.
Tischrücker und Klopfgeister haben die Wiederkehr Henochs angekündigt.
Er wird wiederkommen, wann das Papsttum seine ganze Autorität auf Erden verloren haben wird, und die quabbalistischen Wissenschaften werden wieder erstehen.
Die Wiederkunft des Elias wird der Henochs unmittelbar folgen; dann wird Jesus, der Weltenheiland, zum zweiten Mal auf die Erde kommen. Ihm wird der Antichrist vorausgehen, dessen Mission es sein wird, das große zeitliche Reich des Offenbarers des Evangeliums vorzubereiten.
Das Astrallicht wimmelt von Elementargeistern, eine neue in der Vorbereitung begriffene Schöpfung. Schon sind die Schlüssel Salomons wiedergefunden und die Mysterien der hohen Freimaurerei erklärt. Eine Schule, deren Anfänge noch dunkel und fast unsichtbar sind, beginnt sich in Deutschland, im slawischen Reich und in Frankreich zu bilden. In einem Jahrhundert wird diese Schule siebentausend Adepten zählen, und ihr letzter Großmeister wird Henoch sein.

Henoch wird im Jahre zweitausend der christlichen Welt erscheinen. Dann wird tausend Jahre lang der Messianismus auf Erden blühen, dessen Vorläufer er sein wird.

Die Vorhersehung ist das Ergebnis aller Prophezeiungen und aller quabbalistischen Berechnungen. Sie müssen geheim gehalten werden, damit diese ehrwürdigsten Arbeiten des menschlichen Genius und des weissagenden Wissens nicht den Profanierungen der Unwissenheit anheimfallen.

9. Über die Anordnung und den Gebrauch dieser Schlüssel

Diese in ihrer ursprünglichen Reinheit wiederhergestellten und von mir, Eliphas Levi, im Jahre 1860 zum ersten Mal gezeichneten Schlüssel, sind hier in ihrer ganzen Echtheit ohne Beimischung samaritanischer oder ägyptischer Bilder nur mittels der Buchstaben, hieroglyphischen Zeichen und Zahlen ausgeführt.

Die Hebräer verabscheuten die Verwendung der Gestalt in den heiligen Bildern und deshalb sind die Figuren des Sohar fast alle nur mit Buchstaben ausgeführt.

Die Ergänzung dieses Buches ist das italienische Tarotspiel, dessen salomonische Talismane die Symbole zusammenfassen und erklären. Jeder dieser Talismane kann für sich als magnetisches Instrument dienen und einen dem göttlichen Namen, dessen Erklärung sich unter jedem Talisman befindet, entsprechenden Willen darstellen.

Zu beachten ist, dass die im Tarot enthaltenen Zehner bei den Talismanen nicht dargestellt sind, weil die Zehn als Synthese der Einheit bereits in der Einheit jeder Zahl enthalten ist.

Die Bilder der Talismane können in die sieben Metalle gezogen oder auf Jungfernpergament geschrieben und dann unter einer sehr bestimmten Absicht geweiht und magnetisiert werden. So wird man magnetische Brennpunkte bilden, wird sie mit den Räucherungen des Rituals versehen und wird sie in Seide oder Glasbehältern aufbewahren, damit sie ihre Kraft nicht verlieren.

Man darf sie weder verleihen noch verschenken, es sei denn, dass sie mit der Absicht einer anderen Person oder in Übereinstimmung mit ihr hergestellt wären.

Sie dienen dazu, die Einbildungen und Gaukeleien des Lichts abzuweisen. Die flüchtigen Geister zittern bei ihrem Nahen, weil sie feste Symbole und Charaktere des Wortes sind, das aus sich selbst ist und allen Geistern siegreich befiehlt.

Um diesen Schlüssel aber gut zu gebrauchen, muss man sich in großer geistiger Klarheit und ebenso großer Reinheit des Herzens erhalten; andernfalls würden diese Figuren zu Werkzeugen der Zauberei, denen der unklug und schuldig Handelnde als erstes Opfer anheimfiele.

Beendet am fünfzehnten Tage des November, am siebzehnten der Calenden des Dezember, im achten Monat des heiligen Jahres.

Eliphas Levi

Für den ausschließlichen und persönlichen Gebrauch des Barons Spedalieri abgeschrieben im Oktober und November 1861.

Kernings Testament
Kama,
Censor of the R.O.O.o.S.B.o.S

„Wer nicht Zeichen, Griff und Wort empfindet,
Der hat das Geheimnis nicht ergründet,
Aber wer in diesen „sprechen" kann,
Dem hat sich der Tempel aufgetan".

I.

Wenn das Gewordene zu hauchen beginnt, dann beginnt es zu leben. Mit dem Hauche entwickeln sich Sinne und Gefühle und bei den Menschen das „Wort". Um die Erkenntnis des Lebens zu erlangen, ist daher notwendig den „Hauch" in allen Abstufungen zu lernen. „Und er blies ihnen den lebendigen Odem ein", heißt es in der Schrift und Schöpfungsgeschichte, „da ward der Mensch eine lebendige Seele".

Wenn wir diese beiden Sätze betrachten, so finden wir eine solche genaue Übereinstimmung mit dem Obigen, dass wir dreist annehmen können, wenn das untere wahr ist, muss es auch das Obere sein, und wenn sich das Obere durch die Erfahrung rechtfertigen lässt, so hat der biblische Ausspruch eine lebendige Bestätigung. Der Mensch atmet ein Körperliches und ein Geistiges. Dem Einatmen der Luft geht in entgegengesetzter Richtung das Einatmen eines anderen Stoffes parallel, weil, indem die Luft in den Körper dringt, ein Ausstoßen einer anderen Luft bedingt ist, hingegen durch das Vonsichstoßen des Atems etwas anderes eingesogen wird. (Wie und warum nicht und atmet man dann nicht den Atem mit der Luft ein? – Antwort: Weil der Mensch nicht geistig entwickelt ist.)

Das Atmen ist daher eine Art Ebbe und Flut im Menschen, die bei der Füllung einer Seite die andere ausleert und ebenso bei der Ausleerung der anderen die entgegengesetzte füllt.

Da aber vermöge der verschiedenen Kanäle und Öffnungen die eingesogene Luft sehr verschieden ist, so kann es der Mensch in seine Gewalt bekommen, den reinsten, ja sogar himmlischen, göttlichen Äther in sich einzuatmen. Auf diesen Sätzen beruht die Möglichkeit, geistige Einflüsse nach Willkür in sich aufzunehmen und zum Worte der Wahrheit zu gelangen.

Doch die Anwendung dieses Ein- und Aushauches ist einiger Schwierigkeit unterworfen, weil die meisten Organe unseres Körpers nicht mehr geschärft sind diese Tätigkeit auszuüben, oder wenn es doch geschieht, wir es nicht merken.

Was der Mensch nicht kennt, ist für ihn nicht. Wenn er die reinsten Juwelen, Perlen und Gold in Menge besäße und er wüsste es nicht, was für Nutzen könnte er daraus ziehen? Keinen. So ist es mit den Eigenschaften des göttlichen Hauches. Wir müssen wissen, dass er in uns einfließt, müssen sogar die Stelle kennen, wo wir ihn einatmen und solche Stellen nach Belieben öffnen und schließen und auf andere leiten können. Dann besitzen wir eine Herrschaft des Lebens, wovon wir früher, wenn wir auch noch soviel darüber gelesen, gesprochen und gehört haben, uns keine Vorstellung machen konnten. Nun wird mancher sagen: Warum lehrt man uns das nicht? Hierauf ist nur zu antworten: Weil man die Lehre nicht haben (will), sich davor, wie vor einem Gespenst fürchtet, und, wenn man unbefangen darüber zu sprechen versucht, jeder die Kreuzigung oder alle möglichen Beinamen, die bei Pietisten, Herrnhutern, Buddhisten gang und gäbe sind, zu gewärtigen hat. Schweigen muss daher der Lehrer und schweigen lernen ist des Adepten Pflicht (aber auch anderseits, dass auch der Lehrer schweigen muss). Schweigen ist des Adepten Pflicht, auch aus anderen Gründen, aber nicht deshalb, weil er nicht alles sagen dürfte, was er hört und weiß, sondern damit er einmal ruhig werde und die Sprache des Geistes, die durch die entgegengesetzte Einatmung immer tätig ist, vernehmen könne.

Lerne klug sein, spricht man im gewöhnlichen Leben, dann wirst du den Weltgang zu verstehen geschickt sein; lerne schweigen, spricht der Lehrer, dann wird die Wahrheit des Himmels sich dir offenbaren.

Das gewöhnliche Einziehen des Atems geschieht durch die Nase, oft auch durch den Mund, das entgegengesetzte aber durch die Organe, die wir sittlichkeitshalber bedecken. Darum sind auch beim weltlichen Menschen diese beiden Punkte am aufgeregtesten. Durch Übung erlangt man andere Gegensätze, so z. B. durch Nase und Nabel, durch Nase und Herzgrube, oder durch das Grübchen unter dem Halse. Später gewinnen wir die Geschicklichkeit, der Nase entgegengesetzt, durch die Zehen, Becken, Knöchel, Beine, Hüften, durch das Kreuz durch Nieren, Lunge und Leber, durch den hinteren Teil des Halses und zuletzt durch das Gehirn, mit Unterscheidung aller Organe desselben, zu atmen. Dieses ist für die forschende Tätigkeit des Schülers gleichsam die erste Skala, aus welcher sich durch Versetzung noch viele andere bilden lassen. Um aber sicher zu gehen, gewöhne man sich, mit der Zunge zugleich und mit geschlossenem Munde zu atmen. Dadurch ziehen wir reinere Luft ein, die sich zwar mit der gröberen, die durch die Nase eingeht, vermischt, aber den Körper vorbereitet, innere Einflüsse verborgen wahrzunehmen und zugleich das Spiel der Konsonanten von Lippe, Zunge und Gaumen, auch in den entgegengesetzten Einatmungsorganen wahrzunehmen.

Wer diese Skala versteht und sich durch Übung einige Fertigkeit errungen hat, mache statt der Nase und des Mundes einen anderen Einatmungs . . ., z. B. das Auge, das Ohr, das Grübchen am Halse, oder jedes andere beliebige oben genannte Organ, gebe ihm einen Gegensatz in einem der berührten Punkte, und er hat die Menschennatur ergründet; er wird nicht mehr zweifelhaft über deren Bestimmung sein. Ein- und Ausatmen; diese beiden Funktionen sind zu wichtig für die Natur des Lebens, um sie nicht noch einmal zu berühren.

Nehmen wir drei miteinander verbundene Gefäße an, in denen für zwei Gefäße Flüssigkeiten enthalten sind, so werden sich, wenn man das eine leert, die beiden anderen füllen. Leert man hingegen eins von den gefüllten, so wird dasjenige, welches vorher leer war, voll werden.

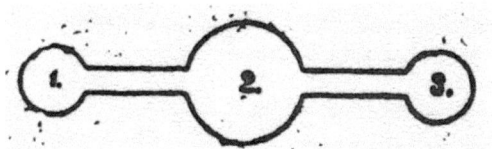

Nr. 2 und 3 sind voll, Nr. 1 sucht sich von dem Zustand der Leere zu befreien und zieht aus Nr. 2 Flüssigkeiten an sich. Nr. 2 kann als Mittelbehälter, gleichsam als Lunge oder Herz, nicht leer sein, wenn nicht eine förmliche Trennung des Einflusses geschehen soll; es zieht demnach den Inhalt von Nr. 3 an sich, sodass jetzt Nr. 1 und 2 gefüllt sind. Nr. 3 kommt in Unruhe, die Leere, in der es sich befindet, zwingt es, von Nr. 2 wieder Flüssigkeit an sich zu ziehen; dies gibt nach und auf diese Art ist wieder der erste Zustand hergestellt, worin Nr. 1 leer, Nr. 2 und 3 aber voll sind.

Diese Tätigkeit ist das Lebensgesetz, ist der Takt der Natur, ist der Pulsschlag des Tierlebens, und beim Menschen, der diese Wechselwirkung vermöge seines freien Willens und seiner Vernunft beliebig ändern und nach festgesetzten Punkten bestimmen kann, der Pulsschlag der Gerechtigkeit, des freien Willens und aller Verrichtungen, die er vermöge seiner Absonderung vom Spiele des Zufalls unternehmen kann.

Oben ist gesagt, das gewöhnliche Einatmen geschehe durch Nase und Mund in die Lunge. Nase, das obere, bezeichnet Nr. 3; die entgegengesetzten Organe, die sittlichkeitshalber bedeckt werden, sind Nr. 1 und nötigen die Lunge zum Einatmen von oben.

Um Nase und Mund entsteht ein luftleerer Raum, darum zieht es wieder aus der Lunge nach oben, so wird die Wechselwirkung auf natürliche Weise erklärt. Will nun der Mensch dem Einatmen von Nase und Mund einen anderen Gegensatz, einen Druck Nr. 1 geben, so setze er es einmal zur Probe an die Fußsohle, und er wird bald die Wirkung spüren; doch dies, so sonderbar es anfangs erscheint, ist erst der Anfang des Einatmens einer lebendigen Seele. Man versuche es in den Beinen, Waden, Schenkeln, Hüften, Armen, Fingern und Halsgrübchen, ja überall, wo es einem beliebt, und das Leben wird sich derart steigern, dass man meint, unter neue Himmelszonen versetzt zu sein.

Doch nicht genug, dass wir neue Gegensätze zu suchen imstande sind, auch für Nr. 3 lassen sich andere Organe setzen und mit den bezeichneten Gegensätzen in Wirksamkeit bringen; auf diese Art wird die Kreatur schon zur Geistigkeit erhoben und wir sind, wie wir uns der Resultate in diesen Anleitungen sicher sind, auch hier des Erfolges gewiss. Nr. 3 enthält die natürliche Luft aus Feuchtigkeit, die wir durch Nase und Mund einatmen. Nr. l, weil sie durch bereits geschlossene Eingänge ziehen muss, bezeichnet reinere, geistige Luft; Nr. 2 aber bildet den Mittelpunkt, das Herz oder die Lunge von jenen beiden, dass sich von ihnen Nahrung reichen lässt. Dieser Mittelpunkt ist selbst höchst tätig in dem angeführten Ein- und Ausatmungsprozesse, die gewöhnliche Luft ist ihm zu roh, darum stößt er sie gleichsam wieder von sich, die reinere Luft aber zu geistig, und darum kann er sich nicht hinlänglich damit nähren. Auf solche Art berühren sich rohe und geistige Elemente und geben der Nahrung für Herz und Lunge jene Tinktur, die sie zum Leben, zur Vorbereitung geistiger Erkenntnis und eines freien Willens geschickt machen.

Mit diesen wenigen Grundsätzen sollte man glauben, wäre der Mensch schon hinlänglich begabt, allein der große Schöpfer hat ihn noch herrlicher bedacht.

Der Mensch ist vermögend, der herrlichsten Organe seines Lebens mit (an Stelle) der Nase bewundernd (zu setzen) als Nr. 3 zu gebrauchen und dadurch schon beim ersten Einatmen geistig zu fühlen. (?)

Wenn sich diese veredelte Nr. 3 nun einen beliebigen Gegensatz festsetzt, so ist die Klarheit, womit sich unser inneres Wissen kundgibt, weit entschiedener als vorher.

Noch mehr, der Mensch kann, wenn er es angemessen hält, sich sogar einen neuen Mittelpunkt, eine neue Lunge oder Herz machen und die Tätigkeit, wie oben beschrieben ist, beginnen, und er wird immer neue staunenerregende Wirkungen erkennen.

Wenn ich sage, er könne sich ein neues Herz machen, so will das soviel heißen, dass er jedes beliebige Organ auch zu Nr. 2 machen kann, z. B. durch die Nase hauche ich ein, nehme den Eindruck dieses Einatmens in die Herzgrube; so kann erstens das geistige Einatmen in den Beinen, in dem Bauche, sogar außer dem Leibe stattfinden. Machen wir einmal den Nabel zu Nr. 3, den hinteren Teil des Halses zu Nr. 2, so wird Nr. l entweder im Gehirne oder sogar im Umkreise des inneren Menschen sich finden. Der Mensch ist, wenn er es durch Übung einigermaßen weit gebracht hat, imstande, sogar sich Organe zu denken oder vorzustellen, in welchem die Tätigkeit (stattfindet) von Nr. 2, 3 und l liegt. Nehmen wir einmal an, es bemühe sich einer durch den Bauch als Nr. 3 zu atmen, setze seinen Mittelpunkt Nr. 2 ungesehen so oder mehr Schritte hinter sich, so wird er dasselbe Hin- und Herwogen in Nase, Lunge und Herzen empfinden. Es ist sogar möglich, alle drei Atmungsorgane auch außer sich in Tätigkeit zu bringen. Diese Arbeit ist aber anstrengend, zugleich aber diejenige, welche den Menschen, sogar den tätigsten, zu einer Menge Verirrungen geführt. Alle Erkenntnis, die dem Menschen eigen ist, beruht auf subjektiven Gründen, und diejenigen, die sich haben verführen lassen in eine Objektivität von Erscheinungen und Individualitäten einzugehen, haben, anstatt die Welt zu belehren, sie in Irrtum und Mystizismus geführt, aus welchem man, einmal verschlungen, sich nicht mehr befreien kann.

Zur obigen Tätigkeit sind Zeichen und Griff erforderlich, die, durch das Wort belebt, so Deutung und Erkenntnis geben. Jedes Zeichen kann zu einer der oben angeführten Nummern gemacht werden. Die Berührung stempelt sich selbst dazu, wenn man durch dasselbe den Hauch des „Wortes", sei es in unseren oder anderen Körper eingehen lässt. Alle drei sind, auch wenn wir sie nicht zu gebrauchen scheinen, immer tätig. Wenn wir sie aber in voller Absicht anwenden und ihnen das Ziel ihrer Tätigkeit setzen, so erlangen wir eine Klarheit, die nicht nur keinen Zweifel mehr zulässt, sondern sich so offenbar ausspricht, wie das Licht der Sonne, wenn es unser schwaches Auge berührt. Um die Tätigkeit dieser drei Hauptgesetze deutlich zu fühlen ist es zweckmäßig, bei dem Hauche des Einatmens durch Nr. 3 schon ein Wort, wenigstens aber einen Buchstaben zu denken, damit man ein Merkmal der Wirksamkeit der beiden anderen Punkte besitze. Durch dieses Verfahren schneidet man außerordentlich viel Umwege ab und wird bald in den Stand gesetzt, das geistige Einatmungsorgan Nr. 1 als jenes lebendige Echo zu betrachten, welches der richtig gestellten Frage in allen Angelegenheiten des Lebens die richtige Antwort gibt und sich doch mit dem reinsten Geiste Gottes verbunden fühlt.

Durch die Berührung oder den Griff lässt sich der entgegengesetzte Einatmungskanal bezeichnen und beleben. Das Zeichen als Grundidee der reinsten geometrischen Wahrheit und zugleich der sichtbaren notwendigen Form der Vokalisation ist eine Anziehungskraft geistiger Potenzen und endlich das Wort selbst, das in Zeichen und Griff enthalten und zum Zeichen und Griff wird, bildet dann mit diesen diejenige Dreieinigkeit, von der das Herz Kunde gibt und welches der Inbegriff aller geistigen Freiheit und des Lebens ist.

Wer es fassen kann, der übe es, wer es anfangs auch nur weniger versteht, der lasse sich die Mühe nicht reuen, und in kurzer Zeit wird er sich belohnt fühlen.

II
Unterricht zur Erlernung der Kunst.

1. Man streckt den Zeigefinger in die Höhe, als wenn man Stillschweigen andeuten wolle, und übt dies solange, bis man darin den Buchstaben J, also I sieht oder empfindet.
2. Wenn man den ersten Buchstaben empfindet, bildet man mit der Hand das Winkelmaß solange, bis man „A", also A in diesem Zeichen gleichfalls sieht und fühlt.
3. Ist man der Sache gewiss, so legt man das Zeichen an den Hals, um es von dort dem ganzen Körper mitzuteilen.
4. Nach dieser Übung bildet man mit dem Zeigefinger und Daumen einen Bogen (man kann auch die übrigen Finger dazu nehmen, aber sie nicht schließen und keine eigentliche

Faust formieren). In diesem Zeichen sucht man das „O".
5. Man löst das Zeichen auf, um auf das „O" wie oben, auf das „I" das A folgen zu lassen.
6. Dieses Zeichen wird in Form des Winkelmaßes als A, aber mit etwas gebogener Hand, um das „O" fühlbar zu machen, auf den Leib gelegt, um auch dieses dem ganzen Körper „mitzuteilen".
7. Mit dieser Übung ist der Schlüssel zum Tempel gewonnen, der bei allen Nationen, zwar unter verschiedenen Zusammensetzungen, aber immer höchst zweckmäßig ausgedrückt ist. Wir nennen es das Gouetrosa (?), das sich **sehen, fühlen und hören** lässt.

I O A

8. Die anderen Selbstlaute sind dem Auge nicht so klar. Dem Anfänger wird das E im Gefühle deutlich, wenn er den Knöchel des Zeigefingers über den vorderen Knöchel des Daumens legt und ein kleines Kreuzchen bildet (+); andere fühlen es als eine Art spitzigen Obelisken. Den Griechen war es der Merkurstab.
9. Das A E, welches dem A sich mehr nähert, sieht und fühlt sich durch ein spitziges (Δ) Dreieck
10. U drückt sich durch die geschlossene Hand oder Faust aus.
11. UI sieht und fühlt sich als dicker Strich: |
12. OE ist eine Art Oval. Im kleinen aber ein Zirkelbogen mit einem Punkte darin (wie das Symbol der Sonne).
13. Zwischen A und O bildet sich noch ein Vokal, den man nicht anders, als AO in gewöhnlicher Schreibweise bezeichnen kann. Die Natur drückt ihn ungefähr so aus: Ω, oder auch durch Ω einen Halbzirkel: (
14. Auf diese Art wäre eine Skala von neun Vokalen zur Übung vorgelegt, die auf der Tapis als neun Sterne glänzen.
15. Diese Zeichen haben als Zeichen der Wahrheit die Quadrat-

zahl 3 in sich: 3 X 3 = 9
$$I = E = AE$$
$$UI = OE = AO$$
$$U = O = A$$

16. Wenn die gehörige Tätigkeit in Anwendung der Vokale errungen ist, geht man zu den Konsonanten über.
17. Die Konsonanten unterscheiden sich auf vielerlei Art, als Lippen-, Zungen-, Gaumen- und, zwischen Lippen und Zungen, als Zahnkonsonanten.
18. Jede dieser Unterscheidungen hat vier Buchstaben (4), die sich klar ausdrücken.
19. Die Lippen haben BMRW. Das Lippen-R wird in vielen Gegenden gebraucht, es ist ein wesentlicher Konsonant, ohnerachtet er im Alphabete kein besonders Zeichen hat. Fuhrleute gebrauchen ihn häufig.
20. Zungenbuchstaben sind:
DNRL
21. Im Gaumen unterscheiden sich vier Konsonanten, wovon drei keine besonderen Zeichen in den Sprachlehren haben.
Q. NG. R. CH.
NG ist ein positiver Buchstabe, der besonders im Französischen, im Deutschen aber in den Worten: Engel, hängen, Klang usw. vorkommt. CH in den Worten: Ich, Strich usw. ist ein absolut selbständiger Buchstabe.
22. Die Zähne haben keinen eigenen Buchstaben, sondern geben durch die Hilfe der Lippen und der Zunge Veranlassung zu vier wesentlichen Buchstaben
F. V. S. SCH.
F und V unterscheiden sich, indem beim F die Oberlippe die unteren Zähne, beim V die Unterlippe die oberen Zähne berührt. Für den gewöhnlichen Gebrauch hat dieser Unterschied keine Bedeutung. Durch und in sich Hineinziehen der Sprache ist er wesentlich.
23. Die 16 Früchte haben als Zeichen der Wahrheit die Quadrat-

zahl 4 in sich: 4 X 4 = 16.
    B. M. R. W.
    F. V. S. SCH.
    D. N. R. L.
    G. NG. R. CH.

24. Der Leib des Menschen ist ein Riese, den der Lebensgeist geschnitzelt hat, eine Zeit lang darauf zu spielen. Der Leib des Menschen ist ein Haus, das der Lebensgeist errichtet hat, eine Zeitlang darin zu wohnen. Aus diesem geht hervor, wem der Mensch sich widmen soll, dem Anderen oder dem Meister in ihm. Aus diesem ergibt sich die richtige Moral, die der Mensch befolgen soll, wenn er seinen Zweck erreichen will. Diese sagt, dass der Mensch nicht jedem glauben soll, der ihm zu lehren sucht: Die Lehre, die der Kreatur schmeichelt und der äußeren Erscheinung dient, ist falsch, die uns aber zum Leben in den Tempel führt, ist gut. Lasse Dich nicht anfechten wenn etliche sagen, das tauge nicht; sie kennen sich nicht und wollen andere meistern. Wer Dir nicht sagt: „Der Geist in mir spricht, wenn ich lehre", dem glaube nicht, er ist im Irrtum. Glaube aber dem, der Dir sagt, das Leben ist in Dir, lerne es kennen, damit Du seine Gesetze befolgest. Es ist so klar, was hier gesagt ist, dass man meinen sollte, es sei nicht zu verkennen, und dennoch gibt es einige, die das Fass höher schätzen als den Wein. Der gemeine Mann weiß das besser, er fragt nicht, welcher Gasthof gute Fässer, sondern welcher gute Weine habe. Dieses wollen wir bedenken und uns in Zukunft vor solchen Urteilen hüten.

25. Auch die Konsonanten lassen sich **hören, sehen und fühlen**.

26. In Hinsicht des Hörens ist es keinem Zweifel unterworfen, allein es den Augen sichtbar zu machen ist einiger Schwierigkeit ausgesetzt.

27. Die Bogenlinie im Teile eines Zirkels lässt sich als M schauen.

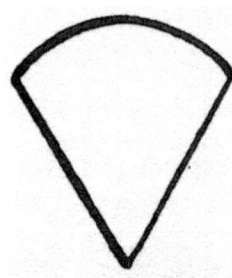

Klarer wird dies noch, wenn man zwei solche Figuren aus Holz, Stein oder sonst einem Stoffe etwas aushöhlt, beinahe wie eine Austernschale verfertigt und aufeinanderlegt. Auf diese Art wird man an den wieder aufeinandergelegten Enden das M mit Augen sehen.

28. Ist man noch im Zweifel, so lege man eine Art Zunge in die Höhle und versuche mit derselben sich ein M vorzustellen, und man wird die Unmöglichkeit fühlen es zu bewerkstelligen. Wenn wir uns noch so sehr abmühen, wird die Zunge immer N statt M von sich geben.

29. Man gehe weiter, mache denselben Versuch mit der Zunge, wo sie im Winkel des Dreieckes sich befestigen lässt, und wir werden weder M noch N, sondern E N G empfinden.

30. Wie mit M N und E N G verhält es sich bei R D und G beim Lippen-R, Zungen-R und Gaumen-R, bei W L und C H.

31. Stelle man in die beschriebene Figur von Holz eine Reihe zugespitzte Zähne in die Abteilung zwischen Lippe und Zunge, so zeigt sich, sobald sie von der Lippe berührt werden, F oder V. Geschieht die Berührung mit der Zunge, so vibriert S unten an der Zunge, wo sie das Fleisch berührt, und zugleich von einer Art Bändchen, womit sie nach unten angebunden ist, ertönt SCH. Auf die Weise ist die Bahn gezeigt, die Konsonanten, dem Auge als auch in der Natur enthalten, unter unabänderlichen Formen darzustellen.

32. Um jedoch eine Idee von der Vielseitigkeit dieser Naturkräfte zu erlangen, bilde man sich eine Zirkelform mit zwei Kreisen. Der äußere Kreis ist M mit allen Lippenkonsonanten, der

innere Kreis ist N mit seinem Gefolge, der Punkt aber G.

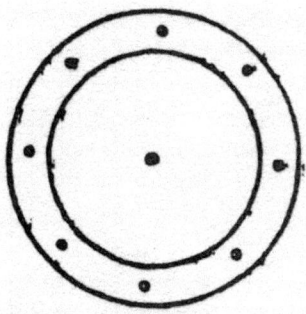

33. Der Zirkel kann geteilt werden und in jedem Teile ist wieder alles wie im ganzen enthalten.

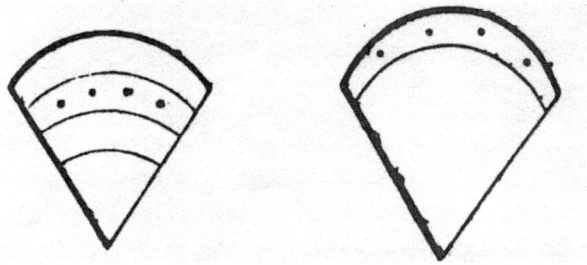

Die äußere ist Lippe, die zweite Linie ist Zunge, im Winkel tönt G.
34. Im ganzen wie im geteilten vibrieren die Zahnlaute zwischen Lippen und Zunge.
35. Das äußerste Ende im Umkreise der Schöpfung bildet sich in unserer Vorstellung als M, etwa um die Hälfte näher gerückt die Zunge, in uns selbst aber der Gaumen.
36. Die Kreise oder die Teile eines Kreises können immer näher, bis sie an unseren Körper, sogar bis in denselben hineingerückt werden. Auf dieses gründet sich eine Unendlichkeit, die uns mit Staunen erfüllt.
37. Das Winkelmaß, mit der Hand gebildet, enthält Lippen-, Zungen- und Gaumenverhältnisse; die Nägel an den Fingern

sind die Zähne.
38. Das Zeichen mit der Hand auf unseren Körper gelegt, empfindet sich unter der gegebenen Form leichtlich; wenn wir sie bloß geistig in der Vorstellung in uns fühlen lernen, wirkt sie noch lebendiger.
39. Auf diese Weise hätten Zeichen, Griff und Wort ihre übereinstimmende Tätigkeit und die Aufgabe rein erfüllt.
40. Im Munde sind die vier Bedingungen des Konsonantenwortes in vollkommener Klarheit sinnlich dargestellt. Da alle Organe des menschlichen Körpers das Wort in sich haben müssen, so ist erforderlich, dass in allem auch Lippen, Zungen, Gaumen und Zähne bestehen.
41. Um solche recht zu verstehen, wollen wir die Organe ihrer sinnlichen Reihenfolge nach betrachten: Nach dem Munde kommt das Auge, das jene drei Potenzen noch ziemlich klar absorbiert. Die Augenlider sind die Lippen und schließen als solche das Auge, ganz in der äußeren Welt stehend, die Zunge; ganz hinten, aber auch sichtbar der Gaumen; die Strahlen des Lichtes zwischen Augenlidern und Auge seien die Zähne.
42. Die Nase, die sich nicht schließen und dadurch auch nur Lippe werden kann, hat dieselbe in der äußeren Luft und ist daher ätherischer Natur, die Zunge kann sich auch nicht anlegen und wirkt als Luft, der Gaumen aber ist im Durchgang aus Nase zum Gaumen; die Zähne sind ätherisch.
43. Die Ohren beinahe wie die Nase.
44. Nun geht es an die Organe am Körper; wer oben einige Übung hat, wird hier die Tätigkeit leicht empfinden.
45. Das Grübchen über der Brust am Halse hat Hautlippen ohne Öffnung, hinter der Haut die Zunge, nach innen der Gaumen.
46. Der Hals webt um sich ein Gewölbe, wie ein altdeutscher Kragen, als Lippe. Die Zunge berührt die Haut, der Gaumen nach innen, die Zähne sind (belocht?) zu fühlen.
47. Die Herzgrube ist fast wie das Halsgrübchen.

48. Der Nabel ist ein wichtiges und vermöge seines großen Umfanges ein äußerst bewegliches Organ. Die Lippe ist ätherisch, er selbst Zunge, der Gaumen nach innen. Seine Sprache ist schnell wie der Blitz.
49. Hüften, Knie, Knöchel haben sichere und deutliche Tätigkeit in allen ihren Abteilungen.
50. Die Fersen sind reich an Lebenshauch und verbinden sich in ihrer Wirksamkeit mit allen oberen Organen.
51. Die Zehen besitzen in dem vorderen Ballen das M, nach innen das N, im Mittelpunkt gegen den ersten kleinen Knöchel Ende G.
52. Ebenso verhält es sich mit den Fingern, sie sind noch reiner als die Zehen, und alle vier Abteilungen drücken sich sehr deutlich aus; die Nägel sprechen als Zähne.
53. Die Hand, besonders die innere, ist reich an Leben, sie äußert sich aber meistens als Gaumen, wozu sich in der Luft oder auch in den Fingerspitzen des M und N ausspricht.
54. Im Gehirn ist reiches Leben, und alle Organe sondern sich durch eigene Lippen, Zähne, Zungen und Gaumen ab.
55. Durch Auflegen der Hand, sei es, wo sie es wolle, bildet sich ein Mund mit allen vier Kräften, und das Wort erhält dadurch eine bewunderungswürdige Klarheit.
56. Nicht nur die Hand, sondern durch Auflegen eines jeden Gliedes entsteht diese Tätigkeit.
57. Selbst das Berühren lebloser Gegenstände hebt die Wirkung nicht auf, im Gegenteil ergibt die Wirksamkeit durch die Eigentümlichkeit des Ganzen wieder besondere Wirkung.
58. Und diese Mundbildung durch Auflegen gegen die geistigen Heilungen örtlicher Übel ruft schon die Krankheit hervor. Wer es übt, kann die Probe wenigstens, wenn auch nur bei Kleinigkeiten, an sich selbst machen.
59. Die Töne einer Skala bilden in ihrer Vibration bestimmte Linien und Formen. Die Vibration des Vokales ist, wie wir eben zeigten, an ewige Gesetze gebunden. Ebenso beruhen

die Konsonanten auf einer unabweichlichen organischen Konstruktion, die entweder durch materielle Form sich äußern oder aber bloß durch Vorstellungen erweckt wird.
60. Über die sichtbaren Organe haben wir berichtet. Wer wird die unsichtbaren, die durch unser Wollen entstehen, zählen und messen.
61. Wohin der geistig erweckte Mensch seine Frage stellt, erhält er Antwort. Auf die Frage bildet sich der geistige Mund, der sogleich Antwort gibt.
62. Die Entfernung kommt hier nicht in Betracht; sei der Punkt, den unser Gedanke in seiner Frage berührt, Millionen Meilen von uns oder nur einen Zoll entfernt, die Resultate sind immer dieselben.
63. Die Luft, das Wasser, die Erde, der Äther, der Himmel, alles ist voll vom Munde Gottes, und dann ist der freie Gedanken des Menschen an keinen Raum gebunden und an keine Zeit.
64. Durch Zeichen, Wort und Griff ist dem Menschen alles gegeben, darum preise sich jeder glücklich. Ohne Zeichen, Wort und Griff ist keine freie geistige Tätigkeit möglich, und alle, die außer den Eingeweihten sich weise dünken, sind Strohhalme statt Säulen am Tempel der Menschheit.
65. Bis jetzt haben wir den Gaumen im Mittelpunkt unseres Ichs betrachtet. Wir wissen die Stelle, von der wir ausgegangen, und haben mit Lippen und Zonen die Schöpfung umkreist, sind dann wieder vom größten bis zum kleinsten Kreis weiter gestiegen und haben die Wunder der Schöpfung erkannt.
66. Aber noch höher vermag der Mensch sich zu schwingen; er kann von sich als Gaumen ausgehen und mit Zunge und Lippen beliebige Kreise ziehen; er kann wo er mit Lippe oder Zunge eine Grenze gezogen, noch weiter dringen und in derselben Entfernung, worin er zu jenen früheren steht, die Tätigkeit entbehren, noch tiefer in die Unendlichkeit dringen und am entgegengesetzten Ende einen Gaumen bilden. Z. B. der vordere Teil eines Fingers als M setzt nach außen Zunge

und Gaumen und erweckt ein neues Ich, das in der Nähe wie in der grenzenlosen Entfernung Lehre und Antwort, das Wort erklingen lassen kann.

67. Der Mensch ist durch obiges Vermögen fähig, sich Zeichen zu denken und in jeder Entfernung den Winkel des Dreieckes zu setzen; auf diese Art belebt sich die ganze Natur, als wäre er von Gaumen, groß und klein, umgeben.
68. Aus dieser Tätigkeit haben sich die meisten Irrtümer, sowohl in den Stellen der Weisen wie besonders auch in religiösen Ansichten in die menschliche Gesellschaft eingeschlichen, weil man sich leicht daran gewöhnte, auch durch erhitzte Phantasie es lehrte, diese subjektiven Erscheinungen, die einzig von unserer Wirksamkeit auf den göttlichen Geist in der Natur entstanden waren, für Wesen einer nur für förmliche Geschöpfe gesandte Engel auszugeben.
69. Den höchsten Grad von Lebendigkeit erhielt diese geistige Arbeit durch den Hauch, wie er schon oben beschrieben. Wir atmen, wenn wir die Sache einmal praktisch erkannt, aus den entferntesten Räumen, aus den Sternen ebenso wohl wie aus dem uns zunächst umgebenden Luftkreis, und vernehmen aus nie geahnten Regionen Worte des Lebens.
70. Leblose Gegenstände, Holz, Stein, Metall usw. besitzen Früchte des Wortes nach Inhalt, Form und Größe.
71. Es ist keine Form in der ganzen Natur, die nicht aus Erweiterung geistiger Wirksamkeit trüglich wäre.
72. Mit einem Stab kann man unzählige Wendungen machen und jede Art anders. Wer es versucht, wird bald den Unterschied zwischen aufrechter und schiefer Richtung empfinden.
73. Mit zwei Stäbchen ist die Wirkung noch auffallender, weil die Zeichen in völliger Klarheit außer uns beruhen.
74. Das Zeichen des Kreuzes bildet einen vierfachen Mund Gottes, und darum hat auch Christus es als Symbol seiner Lehre aufgestellt.
75. Wer es fassen will, übe es; ohne Übung erlangt er nichts!

76. Von uns muss es ausgehen, wir müssen suchen und „bitten", dem gibt der Geist.
77. Der Tempel ist unser Symbol und mit ihm alles, was in ihm enthalten.

Amen!

Weitere Bücher aus dem Christof Uiberreiter Verlag:

Das goldene Blatt der Weisheit
Seila Orienta/Franz Bardon

Zum ersten Mal in der okkulten Literatur wird die 4. Tarotkarte des Hermes Trismegistos verständlich beschrieben und offengelegt. Sie beinhaltet unbekannte Konzentrations- und Meditationsübungen. Des Weiteren gibt sie Hinweise und erklärt die Unterschiede zwischen Magie und Mystik und Gefahren des einseitigen Weges. Am Ende steht die Verbindung mit der universellen Gottheit, dem Herrn der Sonnensphäre, welcher quabbalistisch „Metatron" genannt wird.

*

5. Tarotkarte – Mysterien des Steins der Weisen
Seila Orienta/Franz Bardon

Dieses Buch stellt die Vorderseite der Alchemie dar, die die einzelnen praktischen Übungsschritte erklärt, ohne die verschlüsselten Mystifikationen der alten Alchemisten auch nur annähernd zu erwähnen, wie man es aus den anderen Büchern des Franz Bardon kennt. Es wird erklärt, dass ohne vollkommene Beherrschung der 4 Elemente keine Alchemie möglich ist. Des Weiteren wird mit den einzelnen Ebenen, mit den Matrizen, dem elektromagnetischen Fluid usw. gearbeitet. Doch der Hauptpunkt stellen die göttlichen Eigenschaften wie z. B. die Allmacht dar, mit denen der Göttliche Stein der Weisen durch gewisse Übungen geladen wird.

*

Talismanologie und Mantramkunde
Seila Orienta/Franz Bardon

Zum ersten Mal werden hier (magisch) geladene Mantrams – Gebetssätze – preisgegeben, welche bei nötiger Reife, Ausgeglichenheit und Reinheit durchdringende Erfolge versprechen. Mantrams sind ja nach Bardon nicht irgendwelche „Suggestionssätze", sondern sie sind Ideenausdrücke, mit denen man mit Mächten, Kräften, Eigenschaften, also Gottheiten, in Verbindung kommen kann. Gleichzeitig werden die dazugehörigen Siegelzeichen der göttlichen Ideen preisgegeben, welche im rituellen

Zusammenhang mit den Mantrams stehen. Ein Buch, dass nicht nur die Hermetiker sondern auch die Anhänger der Yogawissenschaften inspirieren wird!

*

Eine Sammlung der schönsten und lehrreichsten Beschwörungsgeschichten
Hohenstätten

Dieses Buch ist einzigartig, denn es zeigt den zweiten Band von Franz Bardon an Hand von interessanten Evokationsberichten, die genau das bestätigen, was Bardon in seinem Buch geschrieben hat, und noch darüber hinaus. Es werden sensationelle Erlebnisse geschildert, die man sonst niemals findet. Auch aus unveröffentlichten Schriften wird zitiert.

*

Verkörperungen des Meister Arion
Hohenstätten

Man wird beim Lesen dieses Buches nicht glauben, wie viele bekannte und unbekannte Inkarnationen Franz Bardon hatte. Die paar, die im „Frabato" bekannt gegeben wurden, stellen nur einen geringen Teil seiner Verkörperungen dar. Wir mussten, da es dermaßen wenig Literatur über die Verkörperungen gab, wieder hunderte und aberhunderte von Büchern, Aufsätzen, Zeitschriften und Artikeln durcharbeiten, bis wir genügend Material für dieses Buch hatten. Aber der Leser wird sich beim Lesen sicherlich über unsere Arbeit freuen, denn sie wird ihn in Erstaunen versetzen!

*

Shamballa, der goldene Tempel des Lichts
Hohenstätten

Dieser Tempel dürfte jeden Leser von Bardons Roman „Frabato" fasziniert haben. Dass es aber in der okkulten Literatur noch viel mehr Informationen darüber gibt, die man aber nur findet, wenn man alles Veröffentlichte gelesen hat, dürfte dem einen oder anderen unbekannt sein. Es wurden wieder ganze Stöße von Büchern durchgesehen und das Ergebnis wird hier veröffentlicht. Es wird aber gleichzeitig darauf hingewiesen, wie viel Schundliteratur es darüber gibt, wie viel Lügen im Umlauf sind, damit sich der Schüler der Hermetik ein klares Bild machen kann. Wir bringen in diesem Buch alles, was wir an Material darüber gefunden haben und es wird auch noch einiges aus der eigenen Erfahrung, was das Wertvollste ist, mitgeteilt. Nicht nur über den Tempel wird berichtet, sondern auch über die damit verbundene „Bruderschaft des Lichts", dessen Sitz er darstellt.

*

Auf der Suche nach Meister Arion
Hohenstätten

Diese Autobiographie eines Schüler der Hermetik des Franz Bardon schildert sein magische Leben, in welcher zahlreiche Erfahrungen zu den Übungen aus dem Adepten geschildert werden, die die Haupt- person selbst erlebt hat. Es wird der schwere Weg des Adepten aus autobiographischer Sicht gezeigt, seine vielen Tiefschläge, aber auch seine glanzvollen Seiten und Zeiten. Der harte Kampf mit dem Seelenspiegel wird bis in alle Einzelheiten aufgezeigt, genauso wie die vielen anderen Wege, in welche der Autor reinschnupperte um dadurch reichlich Erfahrung sammeln zu können. Darüber hinaus enthält es unzählige Erfahrungen und Berichte betreffs Mantramistik nach Bardon, die wahre Runenmagie, zahlreiche Evokationen sowie Invokationen mit seinem Lehrer Anion, einen magischen Exorzismus, wie er bisher noch nie öffentlich geschildert wurde. Mentalreisen, Beeinflussungen, Übungen zur Gottverbundenheit, Erscheinungen, Alchemie, Heilungen mit den verschiedensten magischen Methoden z. B. Quabbalah oder durch die Elemente, Schutzgeist- evokationen und viele andere magische „Wunder" seines Freundes und Lehrers Anion. Auch einige magische Fotos in Farbe, ein bisher von Bardon unveröffentlichtes Akashafoto von Christus und ein Bild des schwebenden Meister Arion werden in diesem Buch preisgegeben. Der Inhalt ist viel reichlicher, als hier kurz beschrieben werden kann.

*

Magisches Gleichgewicht
Hohenstätten

Dieses Buch zeigt eindeutig, dass in allen anderen Systemen das „Gleichgewicht" genauso gebraucht wird, wie bei Bardons Werken. Er war nicht der einzige, der das erwähnte, aber er war der erste, welche es deutlich erklärte, denn die anderen Systeme sprachen nur durch das Symbol, welches nicht jedem Leser verständlich war. Obendrein bringen wir noch unveröffentlichtes vom Meister Arion zu dieser Grundlage der magischen Entwicklung.

*

Das Leben und die Erfahrungen eines wahren Hermetikers
Seila Orienta

Diese Autobiographie eines Magiers ist unübertroffen, denn bis jetzt hat kein einziger, okkult Geschulter, so offen und ehrlich gesprochen wie Seila Orienta. Er gibt in diesem Werk sein Leben bekannt, sowie seine zahlreichen und äußerst interessanten Erlebnisse und Erfahrungen. Es werden auch zum ersten Mal Fotos von Wesen der Sphären gezeigt, welche Franz Bardon höchstpersönlich in den 20ern gemacht hat. Des Weiteren schreibt Seila Orienta über die Sphären, über Dämonen, Logenkontakte und vieles vieles mehr, was einem ehrlich strebenden Hermetiker das Herz übergehen lassen wird.

*

Das Leben des Franz Bardon
Hohenstätten

Dieses Buch beschreibt das Leben des Meisters außerhalb des Frabatos, welches seine Sekretärin – Otti V. – geschrieben hat. Es beinhaltet Erklärungen zu seiner „Biografie", weitere Einzelheiten über den Kampf mit der FOGC, seine Beziehung zu Wilhelm Quintscher und anderen Okkultisten, was alles bisher unbekannt war! Des Weiteren werden viele Erlebnisse seiner Schüler in Prag erzählt, verschiedene magische Leistungen und interessante Geschichten Bardons beschrieben, die bis dato unveröffentlicht sind. Es werden auch seine drei Lehrwerke und deren Wirkung auf die Öffentlichkeit von einem anderen, unbekannten Standpunkt geschildert, welcher durch bisher schwer zugänglichen Schriften unterstützt wird. Als Krönung wird seine aus dem tschechischen übersetzte „Runenschrift" zum ersten Mal veröffentlicht. Auch einige Seiten aus anderen unveröffentlichten Schriften von ihm sowie interessante Fotos des Meister Bardon und seiner Freunde werden hier Preis gegeben und vieles, vieles mehr.

*

In Verbindung mit der Gottheit
Hohenstätten

Über das Thema der Gottverbundenheit mit all seinen Formen und

Methoden wurde bis heute noch nie ein Buch verfasst geschweige denn eine Schrift geschrieben. Man findet in der okkulten wie in der östlichen Literatur nur spärliche Hinweise, die größtenteils verschlüsselt sind oder so geschrieben wurden, dass man sie kaum versteht. Im Gegensatz dazu wird in diesem Buch offen dargelegt, dass das 1. kleine Arkanum der 78 Tarotkarten die Gottverbundenheit in ihrer Reinform darstellt.

*

Hermetische Heilmethoden
Hohenstätten

Dieses Buch stellt in der okkulten Literatur ein absolutes Unikum dar, denn über die Gesamtheit der okkulten Heilmethoden wurde bis jetzt noch NIE etwas sinnvolles geschrieben. Es werden alle Heilmethoden erwähnt, die der hermetische Schüler mit Hilfe seiner bisher erlangten Konzentrationsfähigkeit ausüben und verwenden kann.

*

Erste hermetische Zeitschrift

„Der hermetische Bund teilt mit" ist eine der wenigen magisch-mystischen Zeitschriften, welche sich soweit als möglich auf die universelle Lehre von Franz Bardon bezieht. Sie versucht sich an die Gesetze des 4-poligen Magneten zu halten und vermittelt Wissen sowie Hinweise für die Praxis, damit der Leser die Möglichkeit hat, sie in seinen hermetischen Weg aufzunehmen und für sich gewinnbringend zu verarbeiten.

Noch viel mehr hermetische Literatur finden Sie auf unserer Website: http://www.hermetischer-bund.com.

Viel Vergnügen beim Stöbern!

Der Verlag